LE HOCKEY

SES SUPERVEDETTES

PAUL ROMANUK

**Avec 17 mini-affiches des étoiles
et ton dossier personnel de la saison**

Texte français : Gilles Terroux

Éditions
■ SCHOLASTIC

CONFÉRENCE DE L'EST

DIVISION ATLANTIQUE

DEVILS DU NEW JERSEY
Couleurs : rouge, noir et blanc
Aréna : Continental Airlines Arena
Mascotte : N.J. Devil
Coupes Stanley : 3

ISLANDERS DE NEW YORK
Surnom : Isles
Couleurs : orange, bleu, blanc, argent et vert
Aréna : Nassau Veterans Memorial Coliseum
Mascotte : Sparky
Coupes Stanley : 4

RANGERS DE NEW YORK
Surnom : Blueshirts
Couleurs : bleu, blanc et rouge
Aréna : Madison Square Garden
Coupes Stanley : 4

FLYERS DE PHILADELPHIE
Couleurs : orange, blanc et noir
Aréna : Wachovia Center
Coupes Stanley : 2

PENGUINS DE PITTSBURGH
Surnom : Pens
Couleurs : noir, or et blanc
Aréna : Mellon Arena
Mascotte : Iceburgh
Coupes Stanley : 2

DIVISION NORD-EST

BRUINS DE BOSTON
Surnom : Bs
Couleurs : or, noir et blanc
Aréna : Fleet Center
Mascotte : Blades
Coupes Stanley : 5

SABRES DE BUFFALO
Couleurs : noir, blanc, rouge, gris et argent
Aréna : HSBC Arena
Mascotte : Sabretooth

CANADIEN DE MONTRÉAL
Surnom : Tricolore
Couleurs : bleu, blanc et rouge
Aréna : Centre Bell
Coupes Stanley : 24

SÉNATEURS D'OTTAWA
Surnom : Sens
Couleurs : noir, rouge et or
Aréna : Corel Centre
Mascotte : Spartacat
Coupes Stanley : 7
(équipe d'avant 1934)

MAPLE LEAFS DE TORONTO
Surnom : Leafs
Couleurs : bleu et blanc
Aréna : Air Canada Centre
Mascotte : Carlton
Coupes Stanley : 11

DIVISION SUD-EST

THRASHERS D'ATLANTA
Couleurs : bleu marine, bleu ciel, orange, or et rouge
Aréna : Philips Arena
Mascotte : Thrash

HURRICANES DE LA CAROLINE
Surnom : Canes
Couleurs : rouge, noir et blanc
Aréna : RBC Center
Mascotte : Stormy

PANTHERS DE LA FLORIDE
Surnom : Cats
Couleurs : rouge, bleu marine, jaune et or
Aréna : Office Depot Center
Mascotte : Stanley C. Panther

LIGHTNING DE TAMPA BAY
Surnom : Bolts
Couleurs : bleu, noir, argent et blanc
Aréna : St. Pete Times Forum
Mascotte : ThunderBug
Coupe Stanley : 1

CAPITALS DE WASHINGTON
Surnom : Caps
Couleurs : bleu, noir, or et blanc
Aréna : MCI Center
Mascotte : Slapshot

TOUTES LES ÉQUIPES

DIVISION CENTRE

BLACKHAWKS DE CHICAGO
Surnom : Hawks
Couleurs : rouge, noir et blanc
Aréna : United Center
Mascotte : Tommy Hawk
Coupes Stanley : 3

BLUE JACKETS DE COLUMBUS
Surnom : Jackets
Couleurs : bleu, rouge et vert
Aréna : Nationwide Arena
Mascotte : Stinger

RED WINGS DE DETROIT
Surnom : Wings
Couleurs : rouge et blanc
Aréna : Joe Louis Arena
Mascotte (officieuse) : Stanley la pieuvre
Coupes Stanley : 10

PREDATORS DE NASHVILLE
Surnom : Preds
Couleurs : bleu marine, argent, blanc et or
Aréna : Gaylord Entertainment Center
Mascotte : Gnash

BLUES DE ST-LOUIS
Couleurs : blanc, bleu marine et or
Aréna : Savvis Center

DIVISION NORD-OUEST

FLAMES DE CALGARY
Couleurs : rouge, or, noir et blanc
Aréna : Pengrowth Saddledome
Mascotte : Harvey
Coupe Stanley : 1

AVALANCHE DU COLORADO
Surnom : Avs
Couleurs : bourgogne, argent, noir et bleu
Aréna : Pepsi Center
Mascotte : Howler
Coupes Stanley : 2

OILERS D'EDMONTON
Couleurs : blanc, bleu marine, orange et rouge
Aréna : Skyreach Centre
Coupes Stanley : 5

WILD DU MINNESOTA
Couleurs : rouge, vert, or et blé
Aréna : Xcel Energy Center

CANUCKS DE VANCOUVER
Couleurs : bleu, argent, rouge et blanc
Aréna : General Motors Place
Mascotte : Fin

DIVISION PACIFIQUE

STARS DE DALLAS
Couleurs : vert, blanc, noir et or
Aréna : American Airlines Center
Coupe Stanley : 1

KINGS DE LOS ANGELES
Couleurs : violet, blanc, noir et argent
Aréna : Staples Center

MIGHTY DUCKS D'ANAHEIM
Surnom : Ducks
Couleurs : mauve, vert, argent et blanc
Aréna : Arrowhead Pond
Mascotte : Wild Wing

COYOTES DE PHOENIX
Couleurs : rouge, vert, sable, terre de Sienne et violet
Aréna : Glendale Arena

SHARKS DE SAN JOSE
Couleurs : bleu sarcelle, gris, orange et noir
Aréna : HP Pavilion
Mascotte : S.J. Sharkie

Ton équipe préférée : _____

Conférence et division : _____

Joueurs de ton équipe préférée au début de la saison

Numéro	Nom	Position
_____	_____	_____
_____	_____	_____
_____	_____	_____
_____	_____	_____
_____	_____	_____
_____	_____	_____
_____	_____	_____
_____	_____	_____
_____	_____	_____
_____	_____	_____
_____	_____	_____
_____	_____	_____
_____	_____	_____
_____	_____	_____
_____	_____	_____
_____	_____	_____
_____	_____	_____
_____	_____	_____
_____	_____	_____

TON ÉQUIPE PRÉFÉRÉE

_____	_____	_____
_____	_____	_____
_____	_____	_____
_____	_____	_____
_____	_____	_____

Changements, échanges, nouveaux joueurs

_____   _____   _____
_____   _____   _____
_____   _____   _____
_____   _____   _____
_____   _____   _____
_____   _____   _____
_____   _____   _____

Classement final

Écris le nom de l'équipe qui, d'après toi, remportera le championnat dans chacune des six divisions.

CONFÉRENCE DE L'EST

DIVISION ATLANTIQUE
DIVISION NORD-EST
DIVISION SUD-EST

_____

_____

_____

DIVISION CENTRE
DIVISION NORD-OUEST
DIVISION PACIFIQUE

CONFÉRENCE DE L'OUEST

_____

_____

_____

Les éliminatoires

Choisis les deux équipes qui s'affronteront lors de la finale de la coupe Stanley, puis encercle le nom de celle qui, d'après toi, remportera la victoire.

Champions de la Conférence de l'Est : _____

Champions de la Conférence de l'Ouest : _____

Les progrès de ton équipe pendant la saison

Le classement des équipes est indiqué dans la section des sports du journal. Tu peux y apprendre quelle équipe est en première place, en deuxième place, et ainsi de suite, jusqu'à la dernière place.

Certaines abréviations sont utilisées couramment : MJ pour matches joués, MG pour matches gagnés, MP pour matches perdus, MN pour matches nuls, PTS pour points, A pour aides et B pour buts.

Vérifie le classement le même jour de chaque mois et note les résultats de ton équipe. Tu seras alors en mesure de suivre ses progrès.

TON ÉQUIPE PRÉFÉRÉE

	MJ	MG	MP	MN	PTS
1er NOVEMBRE					
1er DÉCEMBRE					
1er JANVIER					
1er FÉVRIER					
1er MARS					
1er AVRIL					
1er MAI					

Classement final

Inscris ici les statistiques finales de ton équipe.

NOM DE TON ÉQUIPE	MJ	MG	MP	MN	PTS

La fiche de tes joueurs préférés

Tout en suivant les progrès de ton équipe préférée, tu peux aussi remplir une fiche sur tes joueurs favoris. Tu n'as qu'à indiquer, au début de chaque mois, le total de leurs points marqués.

Joueur	1er nov.	1er déc.	1er janv.	1er fév.	1er mars	1er avril	1er mai

La fiche de ton gardien de but préféré

Tu peux noter ici la moyenne de ton gardien de but préféré. MBA est l'abréviation de « moyenne de buts accordés », ce qui veut dire la moyenne de buts marqués contre un gardien au cours de la saison.

Gardien	1er nov.	1er déc.	1er janv.	1er fév.	1er mars	1er avril	1er mai

AVALANCHE DU COLORADO

Au début de la dernière saison, David Aebischer a succédé au légendaire Patrick Roy comme gardien de but n° 1 de l'Avalanche du Colorado, et plusieurs se sont demandé s'il avait les atouts nécessaires pour se distinguer dans la LNH.

Au cours de ses trois saisons précédentes avec l'Avalanche, David avait joué à peine 3812 minutes au total. Plusieurs des meilleurs gardiens de but du circuit jouent plus souvent en une seule saison. À sa dernière saison à titre de second de Roy, David a compilé une fiche peu éloquente de 7 victoires, 12 défaites, aucun match nul et une moyenne de buts alloués de 2,43. Loin des statistiques d'un joueur susceptible de mener son équipe à la conquête de la coupe Stanley. Si certains entretenaient des doutes, ses coéquipiers, eux, lui faisaient entièrement confiance.

« Personne n'arrivera jamais à faire oublier Patrick. Mais je savais qu'Abby était réellement bon et qu'il pouvait relever le défi. »
— Son coéquipier Dan Hinote

« Je savais qu'il avait le caractère nécessaire pour prendre la situation en main, affirme le défenseur Adam Foote. Mais j'ai quand même été un peu surpris de sa facilité à s'imposer. »

« Il nous a donné la chance de gagner chaque match, ajoute le vétéran Rob Blake. C'est tout ce qu'un joueur demande. Dès le premier jour, sûr de lui, il a dit : « Allons-y! »

David a conclu la saison dernière avec 32 victoires, 19 défaites, 9 matches nuls et une moyenne de buts alloués de 2,09. Il s'est empressé d'attribuer une part de son succès à Roy.

« Quand je lui servais de second, j'essayais d'observer ses réactions sur la glace et sa façon de se comporter en dehors de la patinoire, dit-il. Il m'a montré à ne jamais crier victoire avant la fin d'un match. Il était toujours si bien préparé et si compétitif. »

« Abby » (comme ses coéquipiers l'appellent) a fait la preuve, la saison dernière, qu'il avait tout pour réussir dans la LNH et qu'il parviendrait à sortir de l'ombre de Roy.

SOUVENIR

L'un de ses plus beaux souvenirs est sa participation au tournoi international pee-wee de Québec, lorsqu'il jouait pour une équipe suisse. Pendant son séjour à Québec, il a assisté à un match des Nordiques, dont le capitaine était son futur coéquipier, Joe Sakic.

LE SAVIEZ-VOUS?

À l'âge de cinq ans, David a été happé par une voiture. « Je traversais la rue lorsque c'est arrivé. J'ai été hospitalisé pendant longtemps. »

STATISTIQUES 2003-2004

MJ	MG	MP	MN	BL	MBA
62	32	19	9	4	2,09

Septième choix du Colorado, 161e au total, au repêchage amateur de la LNH de 1997

Première équipe de la LNH et saison : Avalanche du Colorado, 2000-2001

Né le 7 février 1978, à Fribourg (Suisse)

Position : gardien de but

Attrape : de la gauche

Taille : 1,85 m

Poids : 86 kg

DANIEL ALFREDSSON

Il est l'un des joueurs les plus talentueux de la LNH, le capitaine de son équipe et un gars vraiment sympathique. Difficile de croire que les Sénateurs ont bien failli ne pas repêcher Daniel Alfredsson en 1994.

Il avait très bien fait avec le Vastra Frolunda de la ligue Élite de la Suède, mais il ne semblait pas impressionner les recruteurs de la LNH, qui l'ont ignoré au repêchage amateur quatre années de suite avant que les Sénateurs ne décident de miser sur lui.

« Je ne pensais pas à la LNH à ce moment-là, raconte Daniel. Mon but était de faire carrière dans la ligue Élite de la Suède. Je ne connaissais rien du repêchage amateur et je n'avais jamais participé aux Mondiaux juniors. Mais une fois rendu ici, je tenais à tenter ma chance dans la LNH. »

« Daniel est un grand joueur et une bonne personne. Il est le genre de gars qui préfère s'exprimer par son jeu sur la patinoire. »
— Le capitaine des Maple Leafs, Mats Sundin

Celui qui n'avait jamais rêvé de venir en Amérique du Nord a fait d'Ottawa son deuxième chez-lui. Pour les neuf premières saisons de sa carrière dans la LNH, Daniel a joué avec la même équipe, un fait plutôt rare de nos jours. Et le printemps dernier, il a accepté un prolongement de contrat, qui devrait en faire un Sénateur pendant plusieurs autres saisons.

« Je me plais beaucoup à Ottawa, affirme Daniel. L'organisation traite bien ses joueurs. C'est une super ville de hockey et nous avons des partisans en or. »

Daniel est le favori, autant des amateurs de hockey d'Ottawa que de sa Suède natale. Son style de jeu électrisant en a fait le meneur de tous les temps des Sénateurs pour ce qui est des buts, des aides et des points. Pas si mal pour un joueur dont personne ne semblait vouloir.

SOUVENIR

Son père est le premier que Daniel se souvient avoir vu jouer au hockey, en Suède. Daniel a toujours encouragé le Vastra Frolunda, et il a plus tard réalisé son rêve de jouer pour cette équipe, avec laquelle il a passé trois saisons.

LE SAVIEZ-VOUS?

Daniel a marqué le premier but de l'histoire des Sénateurs en séries éliminatoires, en 1997. Il a aussi réussi le premier tour du chapeau de son équipe en séries d'après-saison, en 1998. Il est le meneur des Sénateurs pour le plus grand nombre de points en séries éliminatoires.

STATISTIQUES 2003-2004

MJ	B	A	PTS	PUN
77	32	48	80	24

Cinquième choix des Sénateurs, 133e au total, au repêchage amateur
de la LNH de 1994

Première équipe de la LNH et saison : Sénateurs d'Ottawa, 1995-1996

Né le 11 décembre 1972, à Göteborg (Suède)

Position : ailier droit

Tir : de la droite

Taille : 1,80 m

Poids : 90 kg

PAVEL DATSYUK

Les Red Wings de Detroit ont la réputation de dénicher des joueurs européens de talent qui ont échappé à l'œil des recruteurs des autres équipes. Niklas Lidstrom et Sergei Fedorov en sont deux exemples.

La plus récente trouvaille des Red Wings? Le joueur de centre Pavel Datsyuk, qui a été le 171e choix au total, au repêchage amateur de la LNH en 1998. Il lui a fallu seulement trois saisons pour devenir l'un des meilleurs joueurs offensifs des Red Wings, et même de la LNH. Il vient de compléter la meilleure saison de sa carrière avec 68 points.

Au départ, les partisans de l'équipe avaient des doutes sur son avenir, en raison de sa taille et de sa force physique. Le style de jeu parfois robuste de la LNH allait-il le ralentir? L'équipe de recruteurs des Red Wings et l'entraîneur d'alors, Scotty Bowman, eux, ne partageaient pas leur inquiétude.

> **« Tout indique qu'il connaîtra une carrière fructueuse dans cette ligue. »
> — Son coéquipier Kirk Maltby**

« On pouvait voir qu'il était un joueur extrêmement doué, promis à un bel avenir, affirme Bowman. Observez-le et vous verrez qu'il possède toutes les armes nécessaires. Il peut battre n'importe qui de différentes façons. »

Pavel est à l'image de la plupart des joueurs originaires de la Russie. Excellent patineur, il contrôle et passe bien la rondelle, et il devient un véritable poison près du filet. Il fait quelque peu penser à son ancien coéquipier et compatriote russe, Sergei Fedorov.

« Je n'ai pas été surpris de le voir si bien faire cette saison, souligne Fedorov. Pavel est très talentueux. Mon départ de Detroit lui a permis de jouer plus souvent. Je savais qu'il parviendrait à s'imposer en jouant régulièrement. »

Au moment où Steve Yzerman et Brett Hull approchent de l'âge de la retraite, Pavel aura à jouer un rôle encore plus important au sein de son équipe. Et tout porte à croire que d'autres joueurs européens de talent, encore ignorés, se joindront à lui dans les années à venir.

JOUR DE GLOIRE

Après la victoire des Red Wings en 2002, Pavel était fou de joie à l'idée de retourner dans sa ville natale d'Ekaterinbourg (Russie) avec la coupe Stanley

LE SAVIEZ-VOUS?

Pavel n'a disputé que 15 matches au cours de la saison 1999-2000, ayant été relégué à l'équipe de réservistes du Ak Bars Kazan de la Ligue de hockey de Russie. Mais il a consacré beaucoup de temps à son entraînement.

STATISTIQUES 2003-2004

MJ	B	A	PTS	PUN
75	30	38	68	35

Huitième choix des Red Wings, 171e au total, au repêchage amateur de la LNH en 1998

Première équipe de la LNH et saison : Red Wings de Detroit, 2001-2002

Né le 20 juillet 1978 à Sverdlovsk (URSS) — maintenant Ekaterinbourg (Russie)

Position : joueur de centre

Tir : de la gauche

Taille : 1,80 m

Poids : 82 kg

Dans le monde du sport, le fait de se trouver au bon endroit au bon moment peut faire toute la différence.

Lorsque les Sénateurs d'Ottawa ont réclamé Martin Havlat, ce dernier ne pouvait pas mieux tomber. Il joignait les rangs d'une équipe en voie de devenir une puissance de la LNH. Il a participé aux séries éliminatoires à chacune de ses quatre saisons avec les Sénateurs.

« On joue mieux quand on fait partie d'une bonne équipe, déclare Martin. Si on est entouré de joueurs qui veulent gagner, on ne peut pas s'empêcher de faire la même chose. »

« Je perdais plus facilement ma concentration lorsque j'étais une recrue. Avec l'expérience, je sais maintenant à quoi m'attendre, surtout pendant les séries éliminatoires. »

Martin s'est imposé à un très jeune âge. Déjà, à 17 ans, il évoluait dans la plus importante ligue professionnelle de la République tchèque. À sa première saison, il a terminé au quatrième rang des pointeurs de son équipe, avec 13 buts et 29 aides en 46 matches. La saison suivante, il prenait le chemin d'Ottawa.

Un joueur qui accède à la LNH à un jeune âge n'est pas sans susciter certains doutes. A-t-il la maturité nécessaire – sur la patinoire et en dehors de celle-ci – pour survivre dans la ligue de hockey la plus exigeante au monde?

« L'esprit compétitif de Marty n'a jamais diminué, affirme le directeur général des Sénateurs, John Muckler. Rien ne le dérange. »

Avec Martin, Daniel Alfredsson, Marian Hossa, Chris Phillips et les autres jeunes joueurs talentueux regroupés dans leur alignement, les Sénateurs se démarqueront encore pendant quelques saisons. À preuve qu'il est important de se trouver au bon endroit au bon moment!

SOUVENIR

« Je me souviendrai toujours de ma première paire de patins », dit Martin. Il rêvait d'imiter les héros de son enfance, Mario Lemieux et Wayne Gretzky.

LE SAVIEZ-VOUS?

Martin a fait ses débuts au hockey international à l'âge de 14 ans. Depuis, il a remporté l'or avec des équipes de la République tchèque aux Mondiaux juniors et aux Championnats mondiaux de hockey sur glace.

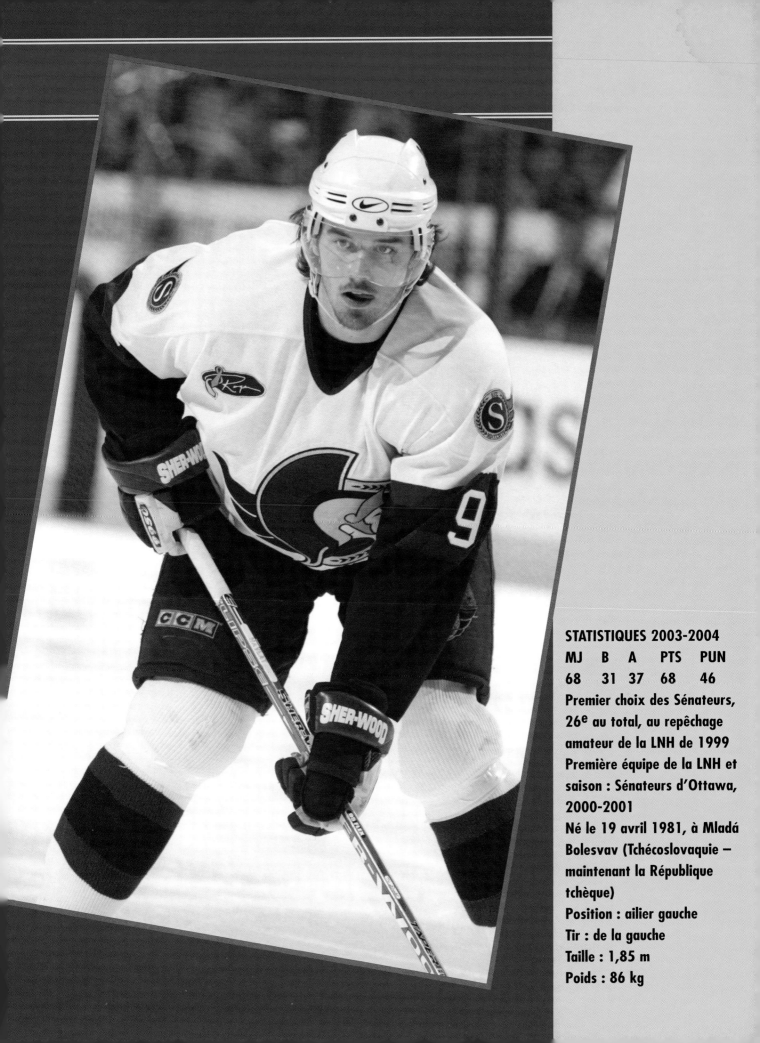

STATISTIQUES 2003-2004

MJ	B	A	PTS	PUN
68	31	37	68	46

Premier choix des Sénateurs,
26ᵉ au total, au repêchage
amateur de la LNH de 1999

Première équipe de la LNH et
saison : Sénateurs d'Ottawa,
2000-2001

Né le 19 avril 1981, à Mladá
Bolesvav (Tchécoslovaquie —
maintenant la République
tchèque)

Position : ailier gauche

Tir : de la gauche

Taille : 1,85 m

Poids : 86 kg

JAROME IGINLA

La feuille de route de Jarome Iginla est impressionnante. À l'âge de 26 ans, il avait déjà à son palmarès un championnat mondial de hockey junior, une médaille d'or olympique, et les titres de champion marqueur et de champion pointeur de la LNH. Mais Jarome n'avait jamais été capitaine d'une équipe de la LNH.

Lorsque le « C » a été apposé à son chandail, l'automne dernier, il a relevé le défi avec brio. Il a été le plus productif des joueurs des Flames, avec 73 points, et a terminé à égalité avec Ilya Kovalchuk, des Trashers d'Atlanta, et Rick Nash, des Blue

> « Jarome est à la fois le meilleur joueur sur la patinoire, le leader dans le vestiaire et le plus habile dans les relations avec les partisans. »
> — Son ancien coéquipier Brad Lukowich

Jackets de Columbus, au premier rang des marqueurs de la LNH. Il a aussi mené les Flames à leur première participation aux séries éliminatoires depuis la saison 1995-1996 et a joué un rôle de premier plan dans le succès qu'a connu l'équipe au cours des séries.

« C'est la première fois que nous avons une bonne chance de nous rendre en séries depuis que je suis avec l'équipe, disait Jarome juste avant la fin de la saison régulière. Nous avons travaillé fort pendant toute la saison et, comme toutes les équipes, nous avons dû surmonter beaucoup d'obstacles pour atteindre notre objectif. »

Jarome a toujours eu la réputation de s'imposer au moment où l'équipe a besoin d'être relancée.

« Je ne me demande jamais si mes buts sont des petits bijoux, dit-il en riant. Je les prends tous, peu importe de quelle façon je les réussis. »

Son travail ne se limite pas à la patinoire. Comme tout bon capitaine, Jarome s'applique à consolider l'esprit d'équipe, même dans les moments difficiles. Il est important que chaque joueur se sente apprécié.

« Il n'est pas du genre à en faire un spectacle, mais quand il a quelque chose à dire, il trouve le mot juste », dit son coéquipier Denis Gauthier.

Jarome est très apprécié des partisans de l'équipe et des membres des médias. Après huit saisons dans la LNH, il personnifie mieux que quiconque les Flames de Calgary.

INSPIRATION

Jarome a beaucoup joué au hockey avec son grand-père, sur une patinoire extérieure de St. Albert (Alberta). Ce dernier lui a fait prendre des cours de patinage de puissance et demeure la personne qui a le plus influencé la carrière de Jarome.

LE SAVIEZ-VOUS?

Jarome a été gardien de but jusqu'à l'âge de neuf ans et le gardien Grant Fuhr était son joueur préféré.

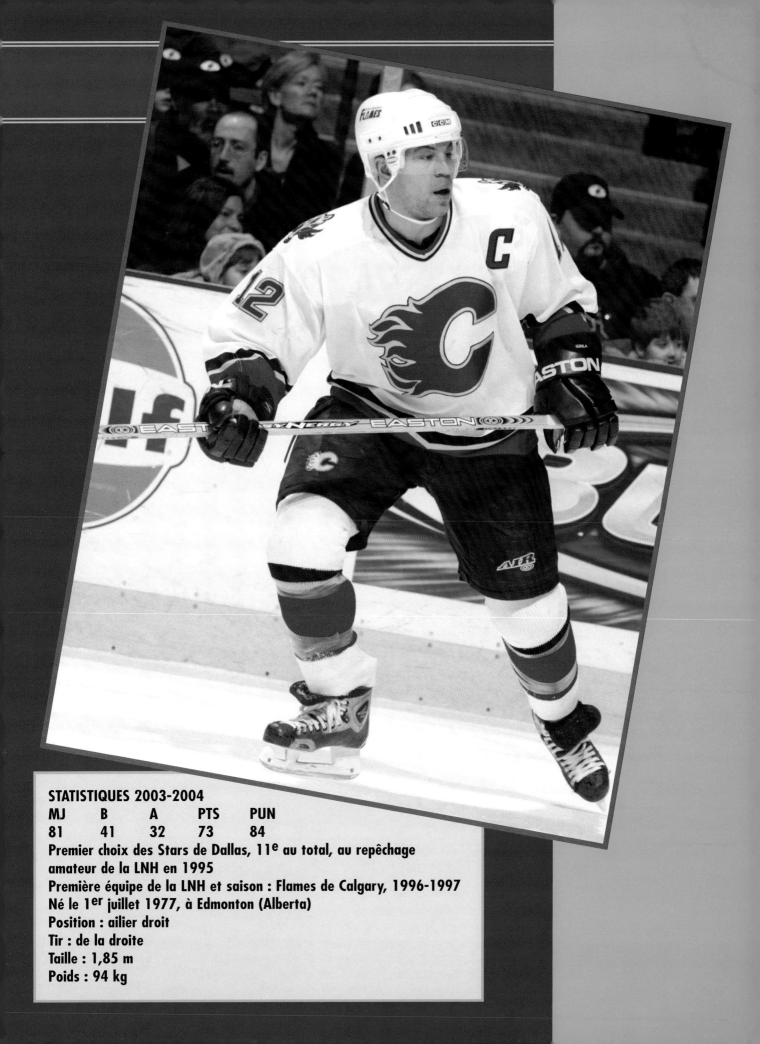

STATISTIQUES 2003-2004

MJ	B	A	PTS	PUN
81	41	32	73	84

Premier choix des Stars de Dallas, 11e au total, au repêchage amateur de la LNH en 1995

Première équipe de la LNH et saison : Flames de Calgary, 1996-1997

Né le 1er juillet 1977, à Edmonton (Alberta)

Position : ailier droit

Tir : de la droite

Taille : 1,85 m

Poids : 94 kg

ILYA KOVALCHUK

On s'attendait à ce que les Thrashers connaissent une saison 2003-2004 désastreuse. Juste avant le début de la saison, l'attaquant Dan Snyder a perdu la vie dans un accident de voiture. La vedette montante Dany Heatley était au volant et ses blessures allaient le tenir à l'écart du jeu pendant presque toute la saison. Les Thrashers n'ont pas laissé ces événements tragiques miner leur moral. Ils ont joué avec cran et détermination, et sont demeurés dans la lutte pour une place dans les séries jusqu'à la toute fin de la saison.

Ilya Kovalchuk a joué un rôle prédominant dans leur succès. « En l'absence de Dany Heatley, je savais qu'il me faudrait travailler encore plus fort », dit Ilya.

En mémoire de Dan Snyder, les joueurs des Thrashers ont porté, sur leur chandail, un écusson arborant le numéro 37. Ils lui ont rendu un plus bel hommage encore en jouant de façon inspirée.

> « Les autres joueurs ont besoin de quelques enjambées pour décocher un puissant tir, mais Ilya obtient toute sa puissance d'un seul coup de patin. »
> — Don Waddell, d.-g. des Thrashers

Ilya a connu la meilleure saison de sa carrière pour ce qui est des buts et des aides, en plus de remporter le championnat des pointeurs des Thrashers, avec 87 points.

« Les joueurs auraient pu mal jouer, dit l'entraîneur Bob Hartley, ils avaient une bonne excuse. Je suis fier de diriger une telle équipe. »

En début de saison, la pression était énorme sur les épaules d'Ilya, à peine âgé de 20 ans. Cette nouvelle vedette n'en était pas à son premier défi de taille, ayant représenté la Russie aux Mondiaux juniors de 2001 et aux Jeux olympiques d'hiver de 2002.

« Le jeu d'Ilya est impressionnant, ajoute Hartley. C'est l'une des vedettes montantes de la Ligue nationale. »

Avec un Dany Heatley en bonne santé, les Thrashers peuvent désormais compter sur l'un des duos les plus explosifs de la LNH. Prochaine étape : les séries éliminatoires.

SOUVENIR

Ilya garde le précieux souvenir de deux premières dans la LNH : son premier match, le 4 octobre 2001, contre Buffalo; et son premier but, lors du match suivant, dans une défaite de 4-3 en prolongation, contre Boston.

LE SAVIEZ-VOUS?

Lorsque les Thrashers en ont fait leur premier choix au repêchage amateur de 2001, Ilya est devenu le premier joueur russe de l'histoire à être choisi au premier rang au total.

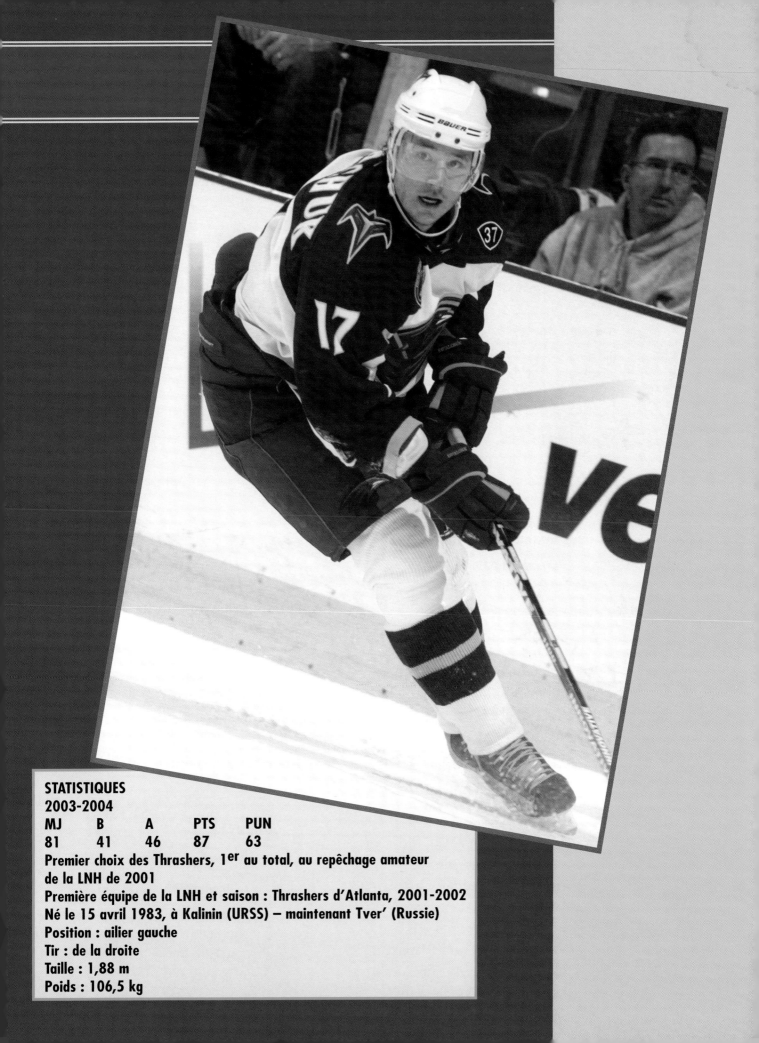

STATISTIQUES
2003-2004

MJ	B	A	PTS	PUN
81	41	46	87	63

Premier choix des Thrashers, 1er au total, au repêchage amateur de la LNH de 2001

Première équipe de la LNH et saison : Thrashers d'Atlanta, 2001-2002

Né le 15 avril 1983, à Kalinin (URSS) — maintenant Tver' (Russie)

Position : ailier gauche

Tir : de la droite

Taille : 1,88 m

Poids : 106,5 kg

VINCENT LECAVALIER

Lorsque le Lightning de Tampa Bay a fait de Vincent Lecavalier son tout premier choix au repêchage, le propriétaire de l'équipe l'a qualifié du « Michael Jordan du hockey ». C'était tout un battage publicitaire pour un jeune de 18 ans. Vincent n'aurait jamais pu répondre à d'aussi hautes attentes. Sa première saison a été caractérisée par un jeu irrégulier, comme c'est le cas pour la plupart des recrues de la Ligue nationale.

« Ça n'a pas été facile de faire le saut à la LNH, dit Vincent. Il faut un certain temps pour s'acclimater au style de jeu et à la vie qu'on y mène. »

À propos de sa relation avec l'entraîneur John Tortorella : « Nous allons dans la bonne direction et surtout, dans la même direction. C'est ce qui compte le plus. »

Vincent a été nommé capitaine de l'équipe en 2000, ce qui a eu pour effet de mettre encore plus de pression sur ses épaules. Lorsque John Tortorella a été nommé entraîneur du Lightning, il a cru bien faire, avant le début de la saison 2001-2002, en retirant le « C » du chandail de Vincent. Cet incident a été le début d'un conflit de personnalité entre les deux hommes.

« J'ignore s'il sera de nouveau capitaine sous mes ordres, déclare Tortorella. Mais à 18 ou 19 ans, on n'est pas prêt pour ce poste. C'était une pression additionnelle à un mauvais moment de la carrière d'un jeune homme qui tentait de percer. »

Il est évident que cette décision a aidé Vincent à devenir un meilleur joueur. Les deux dernières saisons ont été les plus fructueuses de sa carrière. Pas surprenant que le Lightning ait aussi participé aux séries éliminatoires au cours de ces deux saisons et qu'il ait remporté la première coupe Stanley de sa courte histoire en 2003-2004.

« C'est à nous d'atteindre le prochain niveau », déclare Vincent.

« Vincent et nos autres jeunes joueurs vivent maintenant une nouvelle expérience », ajoute son entraîneur.

Si Vincent, Brad Richards et Martin St. Louis continuent à produire au même rythme, les adversaires du Lightning n'y verront que du feu.

INSPIRATION

Les Red Wings de Detroit étaient l'équipe préférée de Vincent quand il était tout jeune, et Steve Yzerman était son joueur favori.

LE SAVIEZ-VOUS?

Vincent a marqué plus de 20 buts à chacune des cinq dernières saisons et il est le seul joueur de l'histoire du Lightning à avoir réalisé pareil exploit.

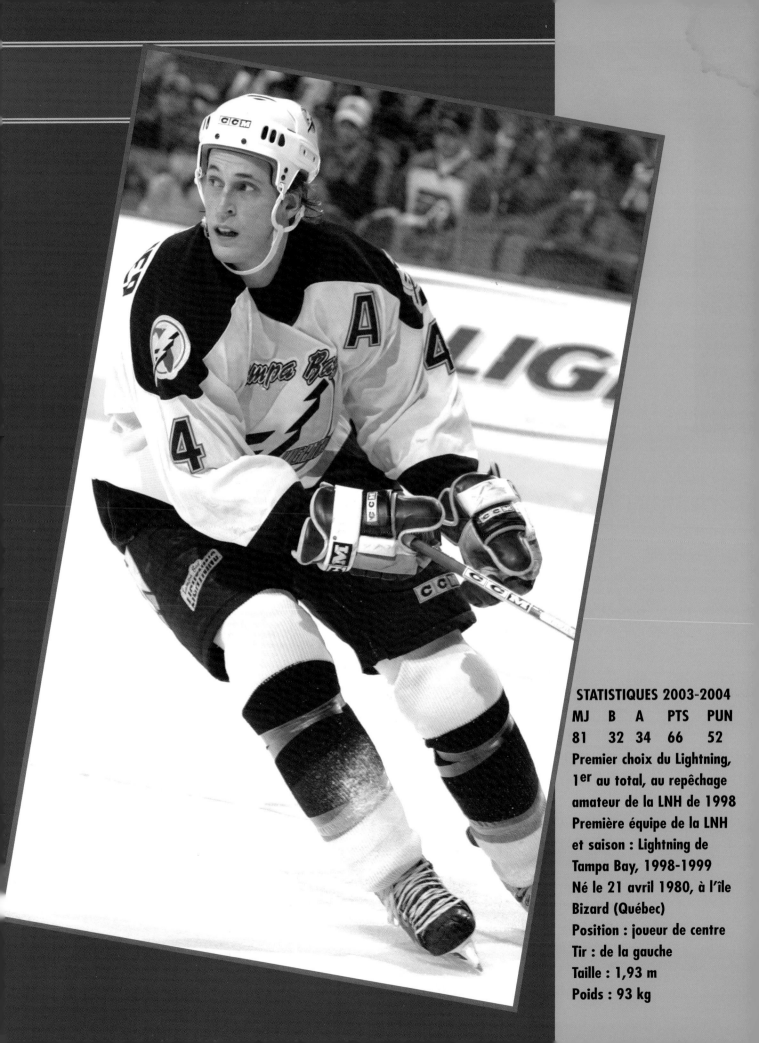

STATISTIQUES 2003-2004

MJ	B	A	PTS	PUN
81	32	34	66	52

Premier choix du Lightning, 1er au total, au repêchage amateur de la LNH de 1998

Première équipe de la LNH et saison : Lightning de Tampa Bay, 1998-1999

Né le 21 avril 1980, à l'île Bizard (Québec)

Position : joueur de centre

Tir : de la gauche

Taille : 1,93 m

Poids : 93 kg

ROBERTO LUONGO

PANTHERS DE LA FLORIDE

L'ancien gardien de but Gump Worsley, alors avec les Rangers de New York, n'avait pas une hésité une seconde lorsqu'on lui avait demandé quelle équipe de la LNH lui donnait le plus de fil à retordre. « Les Rangers! » avait-il répondu.

Le gardien de but des Panthers de la Floride, Roberto Luongo, aurait pu dire la même chose de son équipe, la saison dernière. Roberto a affronté plus de lancers – 2475 – et effectué plus d'arrêts – 2303 – que tout autre gardien de but de la LNH.

« Je ne m'arrête pas tellement à ça, déclare Roberto. C'est mon travail. Je veux arrêter le plus de rondelles possible. Je suis plus à l'aise que lorsque j'affronte 20 ou 25 tirs par match. »

« Aucun autre gardien n'a eu la vie plus difficile que lui, affirme le gardien de but réserviste des Panthers, Steve Shields. Sans le moindre doute, il méritait de gagner le trophée Vézina. »

« Il a connu une saison à la mesure de son talent, comme je l'espérais. »
— Rick Dudley, d.-g. des Panthers

Roberto sera sûrement un rouage important de l'équipe du Canada, lors des prochains Jeux olympiques d'hiver. Il a aidé les équipes canadiennes à remporter des médailles aux Mondiaux juniors et au Championnat mondial de hockey. L'un des faits saillants de sa carrière est d'ailleurs la médaille d'or du Canada au Championnat mondial de 2003.

« Je n'avais jamais eu autant de pression que pendant le match pour la médaille d'or, se rappelle Luongo. Cette victoire a augmenté mon niveau de confiance avant le début de la saison. »

Quoiqu'il raffole du hockey international, le principal objectif de Roberto, à l'aube de sa sixième saison dans la LNH, est d'aider les Panthers à atteindre les séries éliminatoires.

« Je n'ai encore jamais joué dans les séries. C'est tout ce que je veux et c'est pour ça que je joue au hockey. »

Il va sans dire que les partisans des Panthers souhaitent que son rêve se réalise.

JOUR DE GLOIRE

Après que son équipe a remporté un championnat de hockey junior, il est allé chercher son frère Leo dans les gradins pour partager le trophée avec lui. « Il ne pouvait pas me faire plus grand plaisir », a dit ce dernier.

LE SAVIEZ-VOUS?

Le nombre d'arrêts réalisés par Roberto la saison dernière est le plus élevé depuis que la LNH a commencé à compiler cette statistique en 1976-1977.

STATISTIQUES 2003-2004

MJ	MG	MP	MN	BL	MBA
72	25	33	14	7	2,43

Premier choix des Islanders, 4e au total, au repêchage amateur de la LNH de 1997

Première équipe de la LNH et saison : Islanders de New York, 1999-2000

Né le 4 avril 1979, à Montréal (Québec)

Position : gardien de but

Attrape : de la gauche

Taille : 1,90 m

Poids : 93 kg

BRYAN McCABE

La saison dernière devait être déterminante pour le défenseur Bryan McCabe, des Maple Leafs de Toronto. Allait-il jouer comme il l'avait fait en 2001-2002 en se comportant comme l'un des meilleurs défenseurs de la LNH? Ou allait-il connaître une saison aussi désastreuse qu'en 2002-2003? Au grand plaisir des partisans des Maple Leafs, Bryan a surmonté ses difficultés, grâce, en grande partie, à son attitude positive.

« J'aime tout du hockey, affirme Bryan. Ce n'est pas une corvée pour moi. Même lorsque ça va mal, j'éprouve beaucoup de plaisir à me présenter chaque jour à l'aréna. »

« J'ai toujours rêvé de jouer dans la LNH. J'ai chaussé les patins pour la première fois à l'âge de cinq ans et, à partir de ce moment-là, je n'ai pas arrêté de répéter que je voulais devenir un joueur de la LNH. »

La saison dernière, Bryan a récolté plus de points que Niklas Lidstrom, des Red Wings de Detroit, ou Rob Blake, de l'Avalanche du Colorado, et a été utilisé pendant autant de minutes par match que Chris Pronger, des Blues de St-Louis.

Bryan a même vu encore plus d'action pendant les séries. Dans un match qui a nécessité du surtemps, il a joué pendant près de 35 minutes.

« La fatigue? Connais pas! a dit Bryan au cours des dernières séries éliminatoires. Après tout, les séries sont l'objectif que nous visons pendant toute la saison. »

Bryan et ses coéquipiers évoluent devant les partisans qui sont parmi les plus exigeants de la LNH. Autant les amateurs de hockey de Toronto peuvent être élogieux à l'endroit de leurs favoris, autant ils peuvent avoir la critique facile. Malgré cela, Bryan ne voudrait jouer nulle part ailleurs.

« J'aime beaucoup jouer ici, à Toronto, déclare Bryan. Je viens de Calgary, mais j'ai grandi en regardant jouer les Maple Leafs parce que c'était tout ce qu'on nous présentait à la télévision, le samedi soir. J'ai ressenti toute une sensation en enfilant le chandail de l'équipe pour la première fois et en jouant dans un aréna rempli à craquer. »

JOUR DE GLOIRE

« Mon premier but dans la LNH, ainsi que mon premier match à Boston, viennent en tête de liste. J'ai aussi eu la chance de représenter mon pays et de remporter deux médailles d'or aux Mondiaux juniors. »

LE SAVIEZ-VOUS?

En sixième année, Bryan a écrit, dans une composition, qu'il voulait devenir un joueur de hockey. Son professeur a refusé de noter son travail, sous prétexte que « le hockey n'était pas un véritable travail. »

STATISTIQUES 2003-2004

MJ	B	A	PTS	PUN
75	16	37	53	86

Deuxième choix des Islanders, 40e au total, au repêchage amateur de la LNH de 1993

Première équipe de la LNH et saison : Islanders de New York, 1995-1996

Né le 8 juin 1975, à St. Catharines (Ontario)

Position : défenseur

Tir : de la gauche

Taille : 1,88 m

Poids : 100 kg

RICK NASH

La saison dernière n'a pas été très fructueuse pour les Blue Jackets de Columbus. Ils ont vécu un changement d'entraîneur, ont dû attendre au mois de décembre pour remporter leur premier match sur la route et, une fois de plus, ont été exclus des séries éliminatoires. Cependant, la présence de Rick Nash dans leur alignement représente une lueur d'espoir. Rick s'est élevé au niveau des jeunes vedettes de la LNH avec une récolte de 57 points et en a épaté plusieurs par son habileté et son calme.

> « Ses gestes sont difficiles à décrire. Nous sommes choyés de pouvoir compter dans nos rangs un joueur aussi talentueux. »
> — Son coéquipier Marc Denis

« Il est un gars plutôt tranquille, souligne son coéquipier Luke Richardson. Il ne fait pas beaucoup de bruit. Mais il est un rouage important au sein de notre équipe. Sur la patinoire, il joue avec beaucoup d'intensité. »

À cause de sa confiance en soi et de son grand talent, la plupart des recruteurs le voyaient comme le meilleur joueur disponible au repêchage amateur de 2002. Les Blue Jackets de Columbus détenaient le troisième choix, mais le directeur général Doug MacLean avait une idée derrière la tête. Pour mettre la main sur le jeune joueur tant convoité, il a concocté une transaction assurant le tout premier choix à son équipe.

« Je me considérais en dette avec les Blue Jackets, raconte Rick. Je voulais leur prouver qu'ils avaient eu raison de croire en moi. » Rick l'a fait de brillante façon avec une saison recrue de 17 buts et 22 aides, et une troisième place au scrutin du trophée Calder, qui est accordé à la recrue par excellence de la saison.

« Le jeune est en amour avec le hockey, affirme MacLean. Il aime jouer et se mesurer aux meilleurs. »

Avec sa détermination à attaquer le filet et sa longue portée, Rick ne tardera pas à devenir l'un des meilleurs attaquants de puissance de la LNH. Et il aura toute son équipe derrière lui pour l'appuyer.

INSPIRATION

Élevé à Brampton (Ontario), Rick était un partisan des Maple Leafs de Toronto et son idole de jeunesse était le capitaine des Leafs, Mats Sundin.

LE SAVIEZ-VOUS?

Rick est le premier adolescent à avoir connu une saison de 40 buts depuis que Jimmy Carson, des Kings de Los Angeles, en a marqué 44 en 1987-1988. Seulement huit joueurs dans l'histoire de la LNH ont marqué plus de buts avant d'avoir 20 ans que les 58 à la fiche de Nash.

STATISTIQUES 2003-2004

MJ	B	A	PTS	PUN
80	41	16	57	87

Premier choix des Blue Jackets, 1er au total, au repêchage amateur de la LNH de 2002

Première équipe de la LNH et saison : Blue Jackets de Columbus, 2002-2003

Né le 16 juin 1984, à Brampton (Ontario)

Position : ailier gauche

Tir : de la gauche

Taille : 1,90 m

Poids : 85,5 kg

Markus Naslund

En septembre 2000, Markus Naslund est devenu le 11e capitaine de l'histoire des Canucks de Vancouver. Un honneur pleinement mérité pour un athlète qui a eu besoin de quelques saisons et d'être échangé de Pittsburgh en 1996 pour devenir enfin le grand joueur et le leader que les amateurs de hockey connaissent aujourd'hui.

« Markus a réellement fait sa marque au cours des dernières années, souligne l'entraîneur adjoint des Canucks, Jack McIlhargey. Il s'est adapté à son rôle de chef de file et s'acquitte très bien de sa tâche. »

> « C'est incroyable de voir ce qu'il peut accomplir sur la patinoire. Chaque soir, on s'attend à le voir exécuter le jeu du match. »
> — Son coéquipier Brendan Morrison

Markus a eu la chance d'apprendre aux côtés de quelques-uns des plus grands capitaines de la LNH. À ses premières armes à Pittsburgh, son capitaine était Mario Lemieux. Markus a ensuite côtoyé Mark Messier, à Vancouver.

« Messier a exercé une grande influence sur moi, dit Markus. Je l'observais pendant sa préparation d'avant-match; même à son âge, il prenait toujours son rôle au sérieux. Pour lui, le mot échec n'existe pas. C'est très important d'avoir une telle attitude. »

Markus s'est vu remettre le trophée Lester Pearson, l'hommage ultime pour un joueur de la LNH, à l'issue de la saison 2002-2003. Ce trophée est accordé au joueur le plus utile à son équipe, à la suite d'un scrutin mené auprès des joueurs eux-mêmes. Markus devenait le premier joueur originaire de la Suède à remporter ce trophée.

« Je dois beaucoup à Borje Salming [le légendaire défenseur suédois] qui a été le premier à nous ouvrir les portes de la LNH. »

Plusieurs années après Salming, Markus est fier de perpétuer la tradition des grands joueurs suédois et ce, au sein d'une des grandes équipes canadiennes.

JOUR DE GLOIRE

Markus s'est illustré aux Mondiaux juniors de 1993. Son record de 13 buts pendant le tournoi tient toujours.

LE SAVIEZ-VOUS?

Markus et la supervedette de l'Avalanche, Peter Forsberg, sont nés à dix jours d'intervalle, dans la même petite ville suédoise d'Örnsköldsvik. Ils étaient compagnons de trio pour la Suède aux Mondiaux juniors de 1993 et ont tous les deux été réclamés au premier tour du repêchage amateur de 1991.

STATISTIQUES 2003-2004

MJ	B	A	PTS	PUN
78	35	49	84	58

Premier choix des Penguins, 16e au total, au repêchage amateur de la LNH de 1991
Première équipe de la LNH et saison : Penguins de Pittsburgh, 1993-1994
Né le 30 juillet 1973 à Örnsköldsvik (Suède)
Position : ailier gauche
Tir : de la gauche
Taille : 1,80 m
Poids : 88,5 kg

CHRIS PRONGER

Chris Pronger a manqué la majeure partie de la saison 2002-2003, en raison d'interventions chirurgicales à un poignet et à un genou. « Je ne me suis jamais aussi ennuyé de ma vie, se rappelle-t-il. Je ne pouvais ni jouer, ni même patiner. C'était l'enfer. »

Chris est revenu au jeu à temps pour participer aux cinq derniers matches de la saison régulière et à sept matches des séries, mais il était manifestement rouillé. Il était rempli de bonne volonté, mais le corps avait peine à récupérer. Chris a donc consacré son été à sa remise en forme.

« C'était la première fois, depuis longtemps, que je m'adonnais à un véritable entraînement plutôt que de faire de la réadaptation. »

> « Je pense qu'on peut apprendre quelque chose de chacun, que ce soit une recrue ou un vétéran aguerri... On n'arrête jamais d'apprendre et de s'améliorer. »

Ses efforts ont été récompensés. Chris s'est présenté au camp d'entraînement dans une forme splendide et a connu une saison 2003-2004 à la hauteur de son talent. Il a récolté le deuxième plus haut total de points de sa carrière (54) et a recommencé à faire ce qui le démarque des autres défenseurs : rendre la vie intolérable aux attaquants adverses.

« Mes deux objectifs étaient de demeurer en santé et d'aider mon équipe, affirme Chris. Le capitaine a des responsabilités énormes. Je me devais de recouvrer la santé et de reprendre ma forme d'il y a trois ans. »

Mais le destin réserve souvent de mauvaises surprises. Au moment où Chris reprenait sa place au sein de l'équipe, les Blues ont perdu les services de leur autre grand défenseur, Al MacInnis, qui a dû être opéré à un œil.

« Je n'ai pas vu ces deux-là sur la glace en même temps depuis un bon bout de temps, déclare le directeur général des Blues, Larry Pleau. Ce serait merveilleux de les revoir tous deux en bonne santé. »

Tout va pour le mieux pour Chris. Son poignet est parfaitement guéri et il est redevenu l'un des joueurs dominants du hockey.

INSPIRATION

L'une des idoles de jeunesse de Chris était Al MacInnis, qui allait devenir son coéquipier et un membre du Temple de la renommée du hockey. Chris avait même une affiche géante de MacInnis sur le mur de sa chambre à coucher.

LE SAVIEZ-VOUS?

En 1999-2000, Chris a remporté le trophée Norris et le trophée Hart. Il devenait le premier défenseur depuis le célèbre Bobby Orr, en 1972, à obtenir les deux trophées la même année.

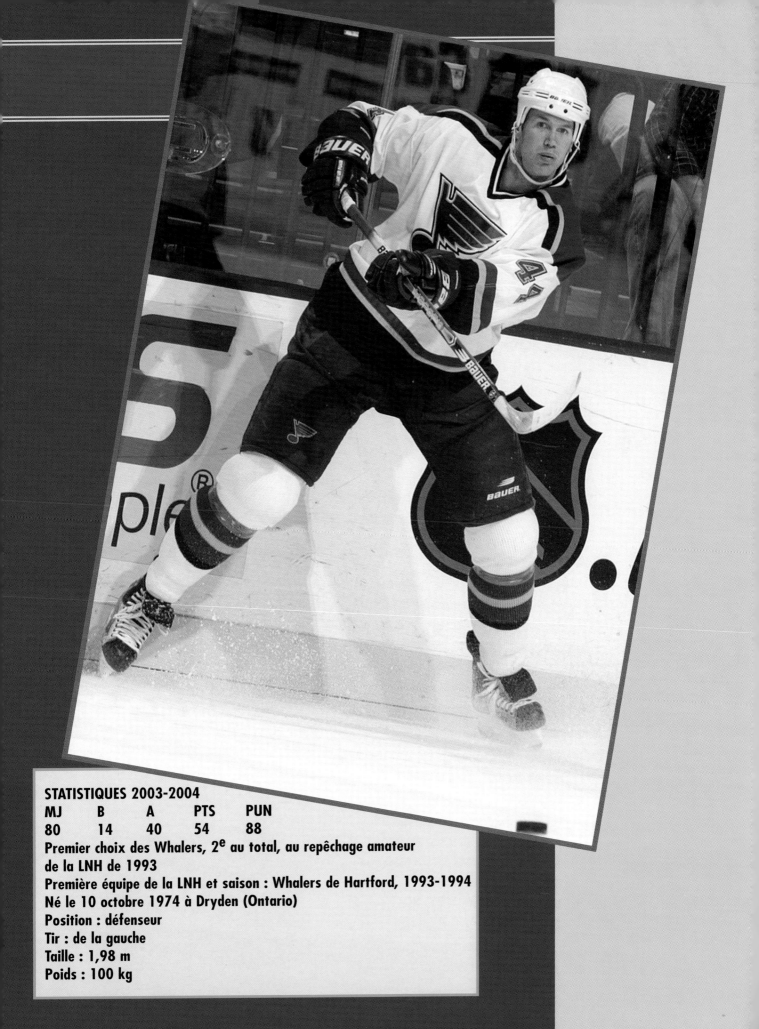

STATISTIQUES 2003-2004

MJ	B	A	PTS	PUN
80	14	40	54	88

Premier choix des Whalers, 2e au total, au repêchage amateur
de la LNH de 1993

Première équipe de la LNH et saison : Whalers de Hartford, 1993-1994

Né le 10 octobre 1974 à Dryden (Ontario)

Position : défenseur

Tir : de la gauche

Taille : 1,98 m

Poids : 100 kg

MIKE RIBEIRO

Mike Ribeiro a marqué beaucoup de buts au hockey junior et a été un choix de deuxième tour au repêchage amateur, mais plusieurs doutaient qu'il puisse devenir un jour un joueur de haut calibre dans la LNH.

Mike avait dominé la scène du hockey junior. En 1998-1999, quand il jouait à Rouyn-Noranda, personne dans la Ligue de hockey junior du Québec n'avait fait mieux que ses 67 buts, 100 aides et 167 points en seulement 69 matches, une moyenne de deux points par match.

Pourtant, nombreux sont ceux qui se demandaient s'il était disposé à s'imposer les sacrifices nécessaires et s'il avait le physique requis pour briller dans la LNH. La saison dernière, Mike a fait taire ses dénigreurs. Il est devenu le joueur de centre no 1 de son équipe et a fait mieux que tous ses coéquipiers, avec 20 buts et 45 aides.

« Je disais depuis longtemps que Mike était du calibre de la LNH et qu'il deviendrait un jour le meilleur marqueur du Canadien. »
— Son coéquipier Pierre Dagenais

« Je sais qu'avant le début de la saison, beaucoup de gens croyaient que je n'obtiendrais pas de poste au sein de l'équipe, dit Mike. C'est ce qui m'a servi de motivation. »

Au camp d'entraînement, Mike a travaillé fort pour être dans la meilleure forme physique de sa vie.

Après avoir entrepris la saison avec allure, Mike a quand même eu besoin de se faire pousser par l'entraîneur Claude Julien, qui n'a pas hésité, en début de saison, à le confiner à la galerie de la presse, même s'il était déjà le meilleur marqueur de l'équipe. L'espace d'un match, l'entraîneur avait fait passer son message.

« La décision était difficile à prendre et plusieurs ont critiqué l'entraîneur, se rappelle le défenseur Sheldon Souray. Mais en bout de ligne, cette décision a secoué l'équipe et a fait de Mike Ribeiro un meilleur joueur. »

Mike travaille avec acharnement et continue à s'améliorer. Une bonne façon de demeurer dans la LNH.

SOUVENIR

Au hockey junior, Mike a été le compagnon de trio de Pierre Dagenais, son coéquipier actuel. En 1997-1998, ils ont uni leurs efforts pour récolter un total combiné de 258 points.

LE SAVIEZ-VOUS?

Quand Mike jouait à Rouyn-Noranda, l'entraîneur du Canadien, Claude Julien, dirigeait les Olympiques de Hull. Mike a aussi joué sous les ordres de Julien aux Mondiaux juniors de 2000.

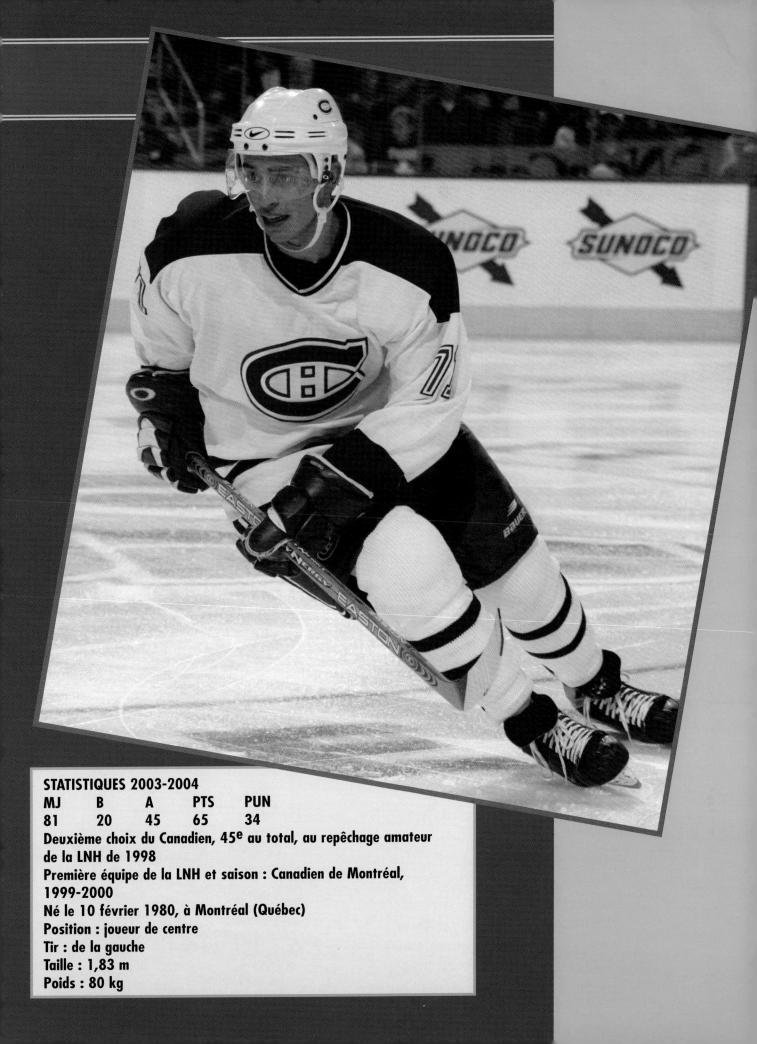

STATISTIQUES 2003-2004

MJ	B	A	PTS	PUN
81	20	45	65	34

Deuxième choix du Canadien, 45e au total, au repêchage amateur de la LNH de 1998

Première équipe de la LNH et saison : Canadien de Montréal, 1999-2000

Né le 10 février 1980, à Montréal (Québec)

Position : joueur de centre

Tir : de la gauche

Taille : 1,83 m

Poids : 80 kg

MARTIN ST. LOUIS

Si vous aviez prédit que Martin St. Louis allait remporter le championnat des marqueurs de la LNH la saison dernière, félicitations : vous êtes un génie du hockey. Sans vouloir lui manquer de respect, peu de gens s'attendaient à ce que Martin termine la saison avec plus de points que Joe Sakic et Jaromir Jagr. Il a pourtant réussi ce tour de force. Et ce n'est pas tout. Après que son équipe a remporté la coupe Stanley, Martin s'est vu décerner les trophées Hart, Art Ross et Lester B. Pearson.

La première chose que vous remarquez lorsque vous rencontrez Martin est son gabarit, qui conviendrait mieux à un joueur de soccer. Il a de grosses et larges jambes, et est beaucoup plus petit que la moyenne des joueurs de la LNH. Au lieu de lui nuire, son physique l'incite à travailler plus fort que ses adversaires plus costauds.

> « Il entreprend chaque journée en se disant que s'il ne travaille pas plus fort que les autres, il ne mérite pas d'être ici. »
> — Jay Feaster, d.-g. du Lightning

« Je n'ai pas besoin de mesurer treize centimètres de plus, affirme Martin. Je n'ai qu'à me servir de ma rapidité. »

« Il a toujours eu à prouver que la taille ne voulait rien dire, déclare l'entraîneur du Lightning, John Tortorella. Il est devenu un joueur de la LNH, et un très bon joueur, en plus. Il a su faire abstraction de toutes ces remarques et montrer ce qu'il pouvait faire. »

Au début de la saison dernière, lorsque l'entraîneur a exigé que ses joueurs travaillent encore plus fort, Martin a répliqué en demandant de jouer plus souvent dans des situations critiques. « Je savais que je pouvais secouer ma période léthargique en jouant plus souvent, explique Martin. Je ne sais pas si ça a été le point tournant, mais l'équipe a retrouvé son aplomb au même moment. »

Le Lightning a connu la meilleure saison de son histoire, avec dans ses rangs, pour la toute première fois, le champion marqueur de la LNH.

INSPIRATION

« Mats Naslund [l'ancien capitaine du Canadien] était mon idole de jeunesse. J'étais ravie de voir un petit joueur évoluer dans la LNH. Il a été une source d'inspiration pour moi parce que j'étais toujours le plus petit joueur de mon équipe. »

LE SAVIEZ-VOUS?

Le guide officiel de la LNH prétend qu'il mesure 1,75 m, mais il mesurerait en fait 1,7 m. Il est le plus petit joueur à avoir gagné le trophée Art Ross depuis que Ted Lindsay a réalisé l'exploit en 1950.

STATISTIQUES 2003-2004

MJ	B	A	PTS	PUN
82	38	56	94	24

A signé un contrat à titre de joueur autonome avec Calgary,
en février 1998

Première équipe de la LNH et saison : Flames de Calgary, 1998-1999

Né le 18 juin 1975, à Laval (Québec)

Position : ailier droit

Tir : de la gauche

Taille : 1,75 m

Poids : 84 kg

Mats Sundin

Les Maple Leafs de Toronto ont bouclé la dernière saison avec deux records d'équipe : un total de 103 points et 23 victoires sur la route. Le nombre de victoires sur la route était aussi un record de la ligue. Tout un revirement de situation pour une équipe qui n'avait gagné que sept de ses 20 premiers matches de la saison.

« Le premier mois de la saison a sûrement été le plus éprouvant de ma carrière, déclare le capitaine des Maple Leafs, Mats Sundin. Les attentes étaient élevées en début de saison et nous ne parvenions pas à nous mettre en marche. Nous sommes sortis de notre torpeur et, par la suite, tout paraissait plus facile. »

> « Il possède toutes les qualités et son jeu ne présente aucune faille. Il est un meneur silencieux qui ne se prend pas pour un autre. »
> — Glen Healy, commentateur et ancien coéquipier des Leafs

Mats n'a surpris personne en se révélant, pour la neuvième fois de sa carrière, le meilleur marqueur de son équipe. La saison dernière, il a devancé tous ses coéquipiers avec 75 points, soit 31 buts et 44 aides.

« Je sais que les gens aiment critiquer son jeu et prétendre qu'il ne joue pas avec suffisamment de passion. Je leur réponds : Ouvrez les yeux et regardez ce qu'il a accompli, dit son coéquipier Tie Domi. Il est, sans aucun doute, l'un des meilleurs joueurs de la LNH. »

Et comme les meilleurs joueurs,

Mats cherche continuellement à s'améliorer. Avant le début de la saison, Mats a travaillé à développer sa force d'accélération.

« J'ai fait plus de course à pied que d'habitude, explique Mats. J'ai décidé de miser sur une force plus explosive plutôt que sur l'endurance. »

Si Mats croit qu'il peut en faire davantage pour améliorer son jeu, tant mieux, car les partisans des Maple Leafs n'ont guère de reproches à lui adresser. Il passera à l'histoire comme l'un des plus grands joueurs des Maple Leafs.

INSPIRATION

Dans sa jeunesse, en Suède, les joueurs préférés de Mats étaient Mats Naslund, du Canadien de Montréal, et Kent Nilsson, des Flames de Calgary. Le Canadien était son équipe favorite.

LE SAVIEZ-VOUS?

Mats a connu l'une des meilleures saisons de sa carrière avec les Nordiques de Québec, en 1992-1993. Il a récolté au moins un point dans chacun des 30 premiers matches et a bouclé la saison avec 47 buts et 67 aides, pour un total de 114 points.

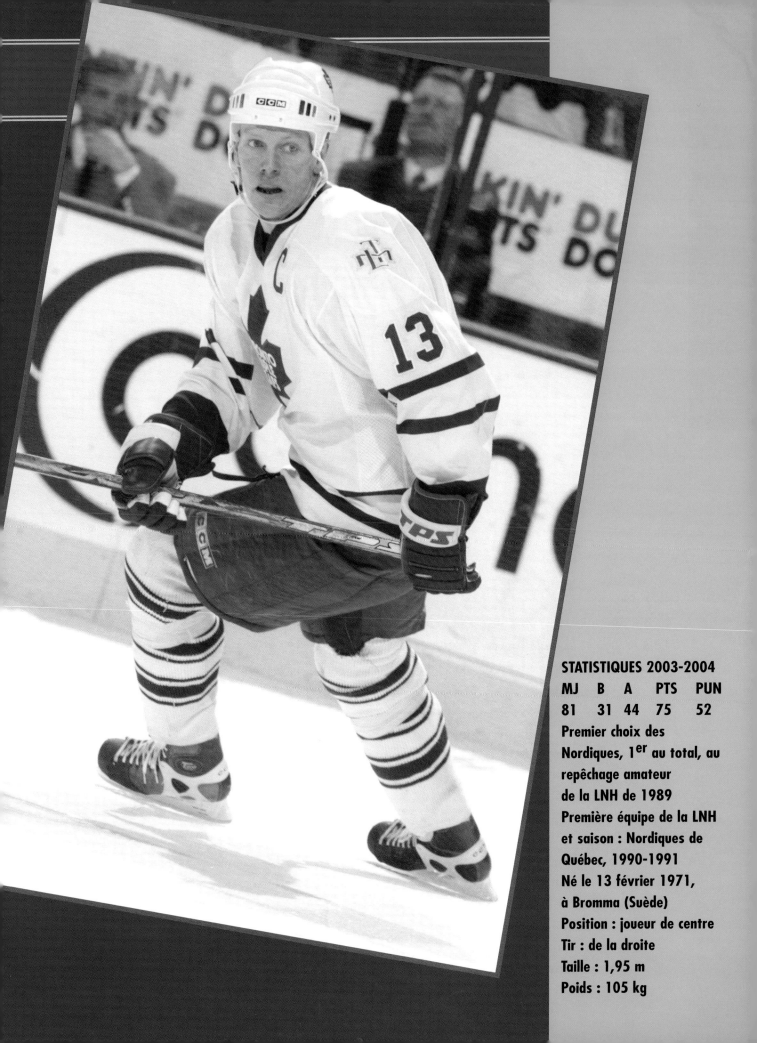

STATISTIQUES 2003-2004

MJ	B	A	PTS	PUN
81	31	44	75	52

Premier choix des
Nordiques, 1er au total, au
repêchage amateur
de la LNH de 1989
Première équipe de la LNH
et saison : Nordiques de
Québec, 1990-1991
Né le 13 février 1971,
à Bromma (Suède)
Position : joueur de centre
Tir : de la droite
Taille : 1,95 m
Poids : 105 kg

ALEX TANGUAY

Il n'est pas rare qu'après avoir fait la pluie et le beau temps chez les juniors, un joueur éprouve de la difficulté à répéter ses exploits, une fois rendu dans la LNH. Le style de jeu y est plus robuste et les adversaires sont souvent plus rapides et plus rusés. Il y en a tout de même quelques-uns qui ne suivent pas la tendance.

Alex Tanguay était un talentueux joueur offensif de la Ligue de hockey junior majeur du Québec. À sa première saison, il a été choisi au sein de l'équipe des recrues. La saison suivante, au sein de l'équipe nationale junior du Canada, il a récolté 17 points de plus que son plus proche coéquipier, même s'il a disputé 19 matches de moins en raison de blessures.

« La différence entre le hockey junior et la LNH est comme le jour et la nuit. Tout se déroule plus rapidement. Quiconque prétend que la transition est facile parle à travers son chapeau. »

Il n'en fallait pas plus pour que l'Avalanche du Colorado le réclame au premier tour du repêchage amateur de 1998. Alex était comblé, lui qui était un chaud partisan de la version originale de l'équipe, les Nordiques de Québec.

« Pour moi, c'était tout un exploit parce que j'allais peut-être avoir la chance de jouer aux côtés de joueurs que j'encourageais du temps des Nordiques. »

À sa première participation à un camp d'entraînement de la LNH en 1998, Alex pouvait à peine camoufler son admiration pour les supervedettes qui l'entouraient. « Je me souviens que j'étais assis sur le banc des joueurs et que j'étais émerveillé à observer Peter Forsberg. Je n'en revenais pas de le voir se déplacer sur la patinoire. Il était toujours au bon endroit. »

Alex en est un autre qui se déplace très bien sur la patinoire. Il a aidé son équipe à conquérir la coupe Stanley en 2001, et la saison dernière a été la meilleure de sa carrière, avec 25 buts et 54 aides. Son ardeur au travail a porté ses fruits : il est devenu un joueur offensif encore plus complet que du temps où il jouait dans le junior.

SOUVENIR

Pendant sa première saison avec l'Avalanche, Alex habitait au sous-sol de la résidence de son coéquipier Patrick Roy. Il lui arrivait de jouer au hockey-balle dans le garage avec les deux fils de Patrick.

LE SAVIEZ-VOUS?

Alex a été très ému de voir son coéquipier Raymond Bourque soulever la coupe Stanley, à l'aube de sa retraite, en 2001. « Nous avions tous la larme à l'œil. Je n'oublierai jamais ce moment. »

STATISTIQUES 2003-2004

MJ	B	A	PTS	PUN
69	25	54	79	42

Premier choix de l'Avalanche, 12e au total, au repêchage amateur de la LNH de 1998

Première équipe de la LNH et saison : Avalanche du Colorado, 1999-2000

Né le 21 novembre 1979, à Sainte-Justine (Québec)

Position : ailier gauche

Tir : de la gauche

Taille : 1,85 m

Poids : 86 kg

SIGNAUX DE L'ARBITRE

Sais-tu ce qui se passe lorsque l'arbitre arrête le jeu ou annonce une punition? Si tu ne le sais pas, tu manques une partie importante du match.

L'arbitre peut infliger des punitions plus ou moins sévères. Un joueur peut, par exemple, écoper d'une pénalité de deux minutes, mettant ainsi son équipe en désavantage numérique. Il peut même être chassé du match.

Voici quelques-uns des signaux les plus utilisés par l'arbitre. Maintenant, tu sauras quelles sont les punitions infligées à ton équipe!

Charge contre la bande
Violente mise en échec d'un adversaire contre la bande.

Assaut
Violente mise en échec d'un adversaire en fonçant sur lui.

Double-échec
Frapper un adversaire avec le bâton tenu des deux mains, les bras étendus.

Coup de coude
Charger un adversaire avec le coude.

Bâton élevé
Frapper un adversaire avec le bâton tenu au-dessus de l'épaule.

Retenue
Retenir un adversaire avec les mains ou les bras.

Accrochage
Utiliser la lame du bâton pour retenir un adversaire.

Dégagement refusé
Envoyer la rondelle de son propre territoire jusque derrière la ligne de but du territoire adverse. Ne s'applique que si un adversaire touche la rondelle le premier.

Obstruction
Retenir un adversaire qui n'est pas en possession de la rondelle.

Coup de genou
Se servir du genou pour retenir un adversaire.

Inconduite
Pénalité de 10 minutes (durée la plus longue). Habituellement en raison d'une conduite abusive envers un officiel.

Rudesse
Bousculer ou frapper un adversaire.

SIGNAUX DE L'ARBITRE

Cinglage
Se servir du bâton pour frapper un adversaire.

Dardage
Donner un coup à un adversaire avec la lame du bâton.

Arrêt de jeu retardé
L'officiel attend avant de donner un coup de sifflet en cas de hors-jeu ou de pénalité. Se produit lorsque l'équipe adverse est en possession de la rondelle.

Faire trébucher
Faire trébucher un adversaire avec le bâton, la main ou le pied.

Conduite antisportive
Agir de façon antisportive envers un adversaire (en le mordant ou en lui tirant les cheveux, par exemple).

But refusé
Le but qui vient d'être compté est refusé.

CLASSEMENT FINAL 2003-2004

CONFÉRENCE DE L'EST

Division Atlantique

Équipe	MJ	MG	MP	MN	PTS
PHILADELPHIE	82	40	21	15	101
NEW JERSEY	82	43	25	12	100
ISLANDERS DE N.Y.	82	38	29	11	91
RANGERS DE N.Y.	82	27	40	7	69
PITTSBURGH	82	23	47	8	58

Division Nord-Est

Équipe	MJ	MG	MP	MN	PTS
BOSTON	82	41	19	15	104
TORONTO	82	45	24	10	103
OTTAWA	82	43	23	10	102
MONTRÉAL	82	41	30	7	93
BUFFALO	82	37	34	7	85

Division Sud-Est

Équipe	MJ	MG	MP	MN	PTS
TAMPA BAY	82	46	22	8	106
ATLANTA	82	33	37	8	78
CAROLINE	82	28	34	14	76
FLORIDE	82	28	35	15	75
WASHINGTON	82	23	46	10	59

CONFÉRENCE DE L'OUEST

Division Centre

Équipe	MJ	MG	MP	MN	PTS
DETROIT	82	48	21	11	109
ST-LOUIS	82	39	30	11	91
NASHVILLE	82	38	29	11	91
COLUMBUS	82	25	45	8	62
CHICAGO	82	20	43	11	59

Division Nord-Ouest

Équipe	MJ	MG	MP	MN	PTS
VANCOUVER	82	43	24	10	101
COLORADO	82	40	22	13	100
CALGARY	82	42	30	7	94
EDMONTON	82	36	29	12	89
MINNESOTA	82	30	29	20	83

Division Pacifique

Équipe	MJ	MG	MP	MN	PTS
SAN JOSE	82	43	21	12	104
DALLAS	82	41	26	13	97
LOS ANGELES	82	28	29	16	81
ANAHEIM	82	29	35	10	76
PHOENIX	82	22	36	18	68

MJ = matches joués; MG = matches gagnés; MP = matches perdus; MN = matches nuls; PTS = points

STATISTIQUES À LA FIN DE LA SAISON

Meneurs pour les points
2003-2004

	JOUEUR	ÉQUIPE	MJ	B	A	PTS	T	%
1	MARTIN ST. LOUIS	TAMPA BAY	82	38	56	94	212	0,179
2	ILYA KOVALCHUK	ATLANTA	81	41	46	87	341	0,120
3	JOE SAKIC	COLORADO	81	33	54	87	253	0,130
4	MARKUS NASLUND	VANCOUVER	78	35	49	84	296	0,118
5	MARIAN HOSSA	OTTAWA	81	36	46	82	233	0,155
6	PATRIK ELIAS	NEW JERSEY	82	38	43	81	300	0,127
7	DANIEL ALFREDSSON	OTTAWA	77	32	48	80	230	0,139
8	CORY STILLMAN	TAMPA BAY	81	25	55	80	178	0,140
9	ROBERT LANG	DETROIT	69	30	49	79	163	0,184
10	BRAD RICHARDS	TAMPA BAY	82	26	53	79	244	0,107

MJ = matches joués; B = buts; A = aides;
PTS = points; T = tirs; % = moyenne

Meneurs pour la moyenne de buts accordés
2003-2004

	JOUEUR	ÉQUIPE	MJ	MG	MP	MN	%A	BA	MBA
1	MARTIN BRODEUR	NEW JERSEY	75	38	26	11	0,917	154	2,03
2	MARTY TURCO	DALLAS	73	37	21	13	0,913	144	1,98
3	ED BELFOUR	TORONTO	59	34	19	6	0,918	122	2,13
4	TOMAS VOKOUN	NASHVILLE	73	34	29	10	0,909	178	2,53
5	DAN CLOUTIER	VANCOUVER	60	33	21	6	0,914	134	2,27
6	JOSÉ THÉODORE	MONTRÉAL	67	33	28	5	0,919	150	2,27
7	DAVID AEBISCHER	COLORADO	62	32	19	9	0,924	129	2,09
8	EVGENI NABOKOV	SAN JOSE	59	31	19	8	0,921	127	2,20
9	CHRIS OSGOOD	ST-LOUIS	67	31	25	8	0,910	144	2,24
10	ANDREW RAYCROFT	BOSTON	57	29	18	9	0,926	117	2,05

MJ = matches joués; MG = matches gagnés; MP = matches perdus;
MN = matches nuls; %A = pourcentage d'arrêts; BA = buts accordés;
MBA = moyenne de buts accordés

OBJECTIF : LA COUPE —— 2004-2005

CONFÉRENCE DE L'EST

FINALE DE LA COUPE

DEMI-FINALE

QUARTS
DE FINALE

PREMIER TOUR
DES SÉRIES

L'ÉQUIPE CHAMPIONNE :

CONFÉRENCE DE L'OUEST

DEMI-FINALE

QUARTS DE FINALE

PREMIER TOUR DES SÉRIES

TROPHÉES DE LA LNH

Voici les prix les plus importants décernés aux joueurs de la LNH. Indique ton choix de joueur pour chaque trophée, puis le nom du gagnant.

TROPHÉE HART

Décerné par l'Association des chroniqueurs de hockey au joueur jugé le plus utile à son équipe.

Le gagnant 2004 : **Martin St. Louis**

Ton choix 2005 : _____

Le gagnant : _____

TROPHÉE ART ROSS

Décerné au champion des marqueurs à la fin de la saison régulière.

Le gagnant 2004 : **Martin St. Louis**

Ton choix 2005 : _____

Le gagnant : _____

TROPHÉE CALDER

Décerné par l'Association des chroniqueurs de hockey à la meilleure recrue de l'année.

Le gagnant 2004 : **Andrew Raycroft**

Ton choix 2005 : _____

Le gagnant : _____

TROPHÉE JAMES NORRIS

Décerné par l'Association des chroniqueurs de hockey au joueur de défense qui a démontré la plus grande efficacité durant la saison.

Le gagnant 2004 : **Scott Niedermayer**

Ton choix 2005 : _____

Le gagnant : _____

TROPHÉE VÉZINA

Décerné au meilleur gardien de but par les directeurs généraux de la LNH.

Le gagnant 2004 : **Martin Brodeur**

Ton choix 2005 : _____

Le gagnant : _____

TROPHÉE MAURICE RICHARD

Décerné au joueur qui a marqué le plus de buts en saison régulière.

Les gagnants 2004 : **Rick Nash, Ilya Kovalchuk, Jarome Iginla**

Ton choix 2005 : _____

Le gagnant : _____

TROPHÉE WILLIAM JENNINGS

Décerné aux gardiens de but ayant participé à au moins 25 matches durant la saison, au sein de l'équipe ayant la plus basse moyenne de buts accordés.

Le gagnant 2004 : **Martin Brodeur**

Ton choix 2005 : _____

Le gagnant : _____

TROPHÉE LADY BYNG

Décerné par l'Association des chroniqueurs de hockey au joueur qui a démontré le meilleur esprit sportif ainsi qu'une grande habileté.

Le gagnant 2004 : **Brad Richards**

Ton choix 2005 : _____

Le gagnant : _____

TROPHÉE FRANK SELKE

Décerné par l'Association des chroniqueurs de hockey au joueur d'avant qui a démontré le plus haut degré d'excellence dans l'aspect défensif du jeu.

Le gagnant 2004 : **Kris Draper**

Ton choix 2005 : _____

Le gagnant : _____

TROPHÉE CONN SMYTHE

Décerné par l'Association des chroniqueurs de hockey au joueur le plus utile à son club durant les éliminatoires de la coupe Stanley.

Le gagnant 2004 : **Brad Richards**

Ton choix 2005 : _____

Le gagnant : _____

TROPHÉE BILL MASTERSON

Décerné par l'Association des chroniqueurs de hockey au joueur qui démontre le plus de persévérance, d'esprit sportif et de dévouement au hockey.

Le gagnant 2004 : **Bryan Berard**

Ton choix 2005 : _____

Le gagnant : _____

Illustrations : Bill Dickson

Photographies :
Aebischer © Phillip MacCallum, BBS;
Alfredsson, Datsyuk, Luongo, McCabe, Naslund, Pronger,
St-Louis, Théodore (couverture) © Sports Action/Protography;
Havlat © Jim Leary, BBS;
Iginla, Kovalchuk, Sundin © Jim McIsaac, BBS;
Lecavalier © Lisa Meyer, BBS;
Nash, Tanguay © Claus Andersen, BBS;
Ribeiro © Bruce Bennett, BBS

Bibliothèque et Archives Canada a catalogué cette publication comme suit :

Romanuk, Paul
    Le hockey, ses supervedettes / Paul Romanuk.
Annuel.
1993/1994-
Fait suite à : Supervedettes du hockey.
ISSN 1196-5592
ISBN 0-439-96134-3 (édition 2004-2005)

    1. Joueurs de hockey—Biographies—Périodiques. 2. Ligue nationale
de hockey—Biographies—Périodiques. I. Titre.

GV848.5.A1R6514   796.962'092'2   C95-300045-1

7 6 5 4 3 2 1   Imprimé au Canada   04 05 06 07